Zur Geburt

Schön, dass du da bist

Willkommen, kleiner Mensch!

Wachse und werde groß
mit *Lachen* und *Weinen*.
Vögel sollen für dich singen
und Blumen für dich blühen.
Das Leben ist der Mühe wert.
Gott segne und behüte dich
in der *Liebe* deiner Eltern.

Phil Bosmans

Ich wünsche dir Glück, mein Kind:

nicht das Glück der Mächtigen,
die zittern
um Macht und Reichtum,

nicht das Glück der Satten,
die sich sorgen
um Sorgen, die sie nicht haben,

nicht das Glück der Reichen,
die sich fürchten
vor dem Tag der Gerechtigkeit.

Glück wünsche ich dir, mein Kind,
das dir begegnet auf deinem Weg,

wenn du Menschen triffst,
die Freunde werden,

wenn du Neues entdeckst,
das zu dir gehört,

*wenn du eine Antwort findest,
auf die Frage, die du bist.*

Markus Tomberg

Dein Leben ist kostbar

Das Leben ist Schönheit, bewundere sie.
Das Leben ist ein Spiel, spiele es.
Das Leben ist kostbar, geh sorgfältig damit um.
Das Leben ist Liebe, erfreue dich an ihr.
Das Leben ist ein Rätsel, durchdringe es.
Das Leben ist Traurigkeit, überwinde sie.
Das Leben ist Kampf, akzeptiere ihn.
Das Leben ist ein Abenteuer, wage es.
Das Leben ist Glück, verdiene es.

Das Leben ist das Leben, verteidige es.

Mutter Teresa

Was du einmal werden sollst?

Die Geburt seines ersten Kindes erfüllte den Meister mit Freude. Staunend blickte er das Neugeborene immer wieder an.

„Was wünschst du ihm, einmal zu sein, wenn es groß geworden ist?", fragte ihn jemand.

„Maßlos glücklich", antwortete der Meister.

Anthony de Mello

Ich freue mich darauf, mit dir zu leben

Mit Kindern und Jugendlichen leben zu dürfen, ist eine Gnade, ein Geschenk. Ich bin glücklich, vier Töchter zu haben, und ich freue mich an ihnen. Ich bin Gott dankbar für dieses großartige Geschenk. Eltern möchte ich ermutigen, dieses Geschenk bewusst wahrzunehmen. In allen Krisen, allem Verzagen, allen Verletzungen und Auseinandersetzungen bleibt Elternschaft ein Segen. *Genießen Sie die Momente der Nähe.* Die Momente gelungener Gemeinschaft. Die Situationen, in denen Sie einfach glücklich sind über Ihr Kind. Probleme gibt es – Gott weiß! – genug. Gerade deshalb ist es wichtig, den Schatz des Augenblicks zu hüten.

Margot Käßmann

Mit dir kommt Gott uns ganz nahe

Wenn eine Mutter, ein Vater mit ihrem Kind spielen, dann bleiben sie nicht stehen und schauen von oben herab zu. Sie gehen in die Knie, in Augenhöhe mit dem Kind.
So macht Gott das mit uns. Er ist so frei und geht in die Knie, dorthin, wo wir sind. Er erlebt das Leben aus unserer Perspektive. „Ihr werdet ein Kind finden, das, in Windeln gewickelt, in einer Krippe liegt." (Lukas 2,12)
Ein bedürftiges Kind ist nicht unbedingt ein überwältigender Gottesbeweis, für viele eher eine Zumutung.
Und doch, näher war Gott uns nie.

Franz Kamphaus

Irischer Segen für deinen Lebensweg

Der Herr sei vor dir,
um dir den rechten Weg zu zeigen.

Der Herr sei neben dir,
um dich zu schützen vor Gefahren.

Der Herr sei unter dir,
um dich aufzufangen, wenn du fällst.

Der Herr sei mit dir,
um dich zu trösten, wenn du traurig bist.

Der Herr sei über dir,
um dich zu segnen.

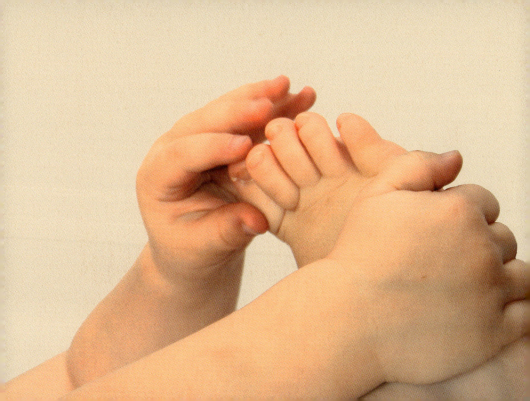

Herausgeberin: Dr. Judith Sixel

Textnachweis:

Phil Bosmans, Wachse und werde groß, aus: Ders., Mit allen guten Wünschen. Grußbotschaften für jeden Anlass, Freiburg i. Br. 2004

Markus Tomberg, Ich wünsche dir Glück, mein Kind, aus: Ders., Willkommen in unserer Mitte. Zur Erinnerung an deine Taufe und die ersten Schritte im Leben, Freiburg i. Br. 2002

Mutter Teresa, Das Leben ist Schönheit (Auszug), aus: Dies., Leben, um zu lieben. Jahreslesebuch. Teilweise neu übersetzt, eingeleitet und herausgegeben von Claudia Zankel, Freiburg i. Br. 1999

Anthony de Mello, Die Geburt seines ersten Kindes ..., aus: Ders., Eine Minute Unsinn. Aus dem Englischen von Ursula Schottelius, Freiburg i. Br. 10. Auflage 2003

Margot Käßmann, Mit Kindern und Jugendlichen leben (Auszug), aus: Dies., Erziehen als Herausforderung, Freiburg i. Br. 2. Aufl. 2001

Franz Kamphaus, Wenn eine Mutter ... (Auszug), aus: Ders., Lichtblicke. Jahreslesebuch. Herausgegeben von Ulrich Schütz, Freiburg i. Br. 2001

Andrea Schwarz, Jedes Kind, das zur Welt kommt, aus: Dies., Und jeden Tag mehr leben. Ein Jahreslesebuch, Freiburg i. Br. 2003

Alle Rechte vorbehalten – Printed in Italy
© Verlag Herder Freiburg im Breisgau 2005
www.herder.de

Gestaltung und Fotografie:
Jäger & Jäger, Kommunikationsdesign
www.jaegerundjaeger.de

Druck: Eurografica S.p.A., Marano Vicentino 2005

ISBN 3-451-28806-0